TATRANSKÉ ŠTÍTY

JAROSLAV PROCHÁZKA
IVAN BOHUŠ

VYDAVATEĽSTVO
OSVETA

© PHOTOGRAPHY JAROSLAV PROCHÁZKA, 1990
© TEXTS IVAN BOHUŠ, 1990
PREBAL, VÄZBA, GRAFICKÁ ÚPRAVA
ROBERT BROŽ

ISBN 80-217-0156-0

1 KRIVÁŇ · 2 494 m
2 GERLACHOVSKÝ ŠTÍT · 2 655 m
3 LOMNICKÝ ŠTÍT · 2 632 m
4 ĽADOVÝ ŠTÍT · 2 627 m

Odvtedy, čo populárny vlastivedný mesačník Krásy Slovenska vypísal anketu na tému najkrajší vrch na Slovensku, prešlo štvrť storočia. Víťazom sa stal Kriváň. Medzičasom sa už vystriedali generácie milovníkov slovenskej prírody a Vysokých Tatier. Radi v rôznych súvislostiach hovoríme o rozdieloch v mentalite pokolení. Skúsme ale zopakovať hlasovanie za najkrajšiu horu na Slovensku vo vekových kategóriách, aké sa doň vtedy zapojili. Určite by zvíťazil znova Kriváň. Jeho krásu objavili generácie našich pra-pradedov a rovnako budú obdivovať pokolenia našich pra-pravnukov. Nezvyčajné množstvo prvovýstupov, ktoré vykonali horolezci za posledné roky, je svedectvom toho, že doteraz nie sú vyčerpané ani objavné možnosti v zložitom a rozložitom masíve Kriváňa. Vari nikde inde nepribudlo v posledných dvoch desaťročiach toľko nových a tak atraktívnych itinerárií, ako práve tu na populárnych a od nepamäti „známych" kriváňskych končinách.

Krása Kriváňa (2 494 m) zaisteže nie je len v jeho výzore a fotogenickosti. Čaro tejto hory znásobuje jej neodmysliteľná spätosť s kultúrou, osudmi a dejinami ľudu, ktorý pod ňou žije. Veľmi stará povesť vysvetľuje typický tvar štítu príhodou anjela, ktorý prišiel po stvorení sveta skolaudovať Zem a očarený slovenskou krajinou, najkrajšou zo všetkých, usnul na voňavej lúke pod ochranou Tatier. Keď sa náhle zbudil a vstúpil si do svedomia, že zle využíval fond pracovnej doby, prudkým švihom krídla skrivil končiar hory. V ľudových pesničkách je Kriváň ochrancom i perlou Liptova a tento ich obsah inšpiroval aj básnikov štúrovského pokolenia. Veršovaná óda Ľudovíta Štúra Ku Křiváni povzbudila ďalších, nuž a tak sa v tvorbe Bohuša Nosáka-Nezabudova, Sama Bohdana Hroboňa, Petra Kellnera-Hostinského alebo Andreja Horislava Lanštiaka stal Kriváň symbolom kolísky Slovanov, životaschopnosti, jednoty a sily Slovákov a v podmienkach habsburskej monarchie majákom ich lepšej a slobodnej budúcnosti. Striedali a striedajú sa generácie, no bez veršov o Kriváni ťažko si predstaviť slovenskú poéziu. Rozsiahla Hviezdoslavova Smrť Kriváňa patrí medzi cenné diela svojho tvorcu. A k pamätnej hore obracali zraky aj novší slovenskí básnici – Martin Rázus, Fraňo Kráľ, Andrej Plávka, Július Lenko; ktože by ich všetkých vymenoval?

Z maliarov prvý ho spodobnil levočský výtvarník Ján Jakub Müller v romantickom kvaši zo začiatku minulého veku. Peter Bohúň namaľoval portrét revolucionára Janka Francisciho-Rimavského „v plnej poľnej" s Kriváňom v pozadí. Mnoho ďalších, novších je už ťažko registrovať. K Ferdinaňdovi Katonovi, Jankovi Alexymu, Milošovi Bazovskému, Martinovi Benkovi, Janovi Hálovi, Jaroslavovi Votrubovi, Ladislavovi Čemickému, či Líde Hynkovej radia sa desiatky umelcov, ktorí svojimi dielami vzdali hold Kriváňu.

Prví prichádzali do hlbokých podkriváňskych lesov drevorubači, uhliari, bylinkári a zberači lesných plodov. V Kôprovej doline s jej odvetviami pásli svoje stáda ľudia z okolitých dedín. Na horských hrebeňoch sa často stretávali slovenskí a poľskí pytliaci. Po štyri storočia hĺbili liptovskí, pohronskí a spišskí haviari tesné, chladné štôlne do kriváňskej žuly, opantaní vidinami zlatonosných žíl, ktoré nikdy neodkryli, ale vynášali len bezcenné haldy jalovej hlušiny. Štôlňa Terézia z polovice 18. storočia bola sotva na 50 metrov pod vrcholom hory. Je teda len prirodzené, že sa z najvyššieho bodu tohto štítu prví porozhliadali neznámi baníci – a možno už v druhej polovici 15. storočia, keď pracovali pozdĺž Škaredého žľabu. Prvý historicky doložený výstup absolvoval roku 1773 spišskonovoveský polyhistor, banský podnikateľ Jonáš Andrej Cirbes, jeden z tých, ktorí uverili bájkam o zlatých komnatách krivohlavej hory.

Keď sa krátko po tom začala o Vysoké Tatry zaujímať kultúrna Európa, stal sa Kriváň cieľom, ktorý sa snažili dosiahnuť všetci významnejší bádatelia Karpát – Angličan Robert Townson, Francúz Belsazar Hacquet, Nemec Anton Rochel, Švéd Göran Wahlenberg a ďalší. Ich diela sú dodnes významnými studnicami informácií o súdobom stave vedeckých poznatkov o prírode Tatier, ale aj o dávnom spôsobe života v podtatranskom kraji. Radi po nich ešte dnes siahame. Pomník, ktorý mal na končiari „na večné časy" pripomínať výstup saského vladára Fridricha Augusta II. roku 1840, tŕň v očiach slovenských vlastencov, zmizol skôr, ako sa doň zahryzol zub času.

V slovenských národných dejinách patrí veľkolepej, zanovito naklonenej hore osobitné miesto, keď sa stala cieľom prvých kolektívnych turistických podujatí vo Vysokých Tatrách, vlasteneckých pútí buditeľov štúrovského pokolenia. Podnetom k ich organizovaniu bol výstup, ktorý 24. septembra 1835 uskutočnil so šiestimi druhmi mikulášsky kníhár, nakladateľ, spisovateľ, osvetár a národný buditeľ Gašpar Fejérpataky-Belopotocký. O vychádzke z roku 1841 sa už oficiálne hovorilo ako o národnej. Viedli ju významní politickí dejatelia tých čias – Ľudovít Štúr a Jozef Miloslav Hurban. Na končiari zneli revolučné slová, vlastenecké piesne, kul sa program boja za národné práva. Národné vychádzky či púte na tatranský Kriváň sa stali tradíciou. Slovenskí vlastenci sem prichádzali v rokoch národnej neslobody slovenského ľudu posilňovať svoje odhodlanie, upevňovať vieru v spravodlivosť, zhodnocovať a osláviť politické výdobytky, utešiť sa nádejami, že sa raz vo svete utrpenie ich národa zmení. Po vzniku Československej republiky púte nezanikli, len sa pretvorili v kolektívne turistické podujatie na oslavu symbolickej hory slobody Slovákov a družby slovanských národov. Aktuálny zmysel krivánskej tradície preverila aj naša súčasnosť; výstupmi, obnovenými roku 1955, vzdávame hold príslušníkom partizánskeho oddielu Vysoké Tatry, ktorí v podkrivánskych lesoch a dolinách zviedli tvrdé boje za našu slobodu, víťaziac i umierajúc. Kriváňa, na ktorom štvorčlenná skupina povstalcov na čele s lekárom oddielu a horolezcom Zoltánom Brüllom vztýčila 7. novembra 1944 za snehovej metelice zástavu slobody, nedotkla sa do porážky fašistov nepriateľská noha.

Kriváň teda nie je najvyšší štít Tatier a nepatrí ani do tridsiatky najvyšších tatranských vrcholov. Nie je ani zlatonosnou horou. Ba ani kolíska Slovanstva nestávala práve pod Kriváňom. A slobodu, ktorú Kriváň symbolicky predstavoval už v štúrovských časoch, musel si náš národ o sto rokov neskôr tvrdo vybojovať.

Ľudia si ho jednoducho obľúbili a tak patrí medzi najznámejšie, najnavštevovanejšie a najinšpirujúcejšie tatranské končiare. Staré banské cesty nahradili upravené a značkované turistické chodníky po južnom chrbáte okolo Daxnerovho sedla od Jamského plesa a po juhozápadnom chrbáte z Troch studničiek cez Priehyby. Mimo nich je terén horolezeckého charakteru. Celý rad trás vedie neobyčajne až krajne obťažným terénom.

Krivánska rázsocha vybieha z Čubriny a oddeľuje Kôprovú dolinu s Nefcerkou od Važeckej doliny. Je bohato rozvetvená a z Kriváňa sa tiež vejárovite rozbieha niekoľko hrebeňov a chrbátov. V sprievodcoch je Kriváň často hodnotený ako najlepší vyhliadkový bod Vysokých Tatier, o čom, prirodzene, možno diskutovať.

Hoci pri pohľade spod Vysokých Tatier je akoby prvý a tak trochu vystrčený z ich celkovej panorámy, nie je to tak a v svojom okolí má mnoho dôstojných partnerov.

Od západu prvá vyčnieva z hlavného hrebeňa hraničná Svinica (2 300 m), ktorej názov je pamiatkou na dlhotrvajúce a do roku 1867 bezúspešné pokusy o dobytie jej juhovýchodného, hlavného vrchola. Dnes naň vedie asi 40 horolezeckých trás rôzneho stupňa obťažnosti, ale z poľskej strany patrí medzi štíty s najvyšším počtom tragických nešťastí.

Aj o ďalší výrazný vrch hlavného hrebeňa, o Hrubý štít (2 171 m), baníkom, pastierom a poľovníkom už oddávna známy, začali sa horolezci zaujímať až po roku 1945. Na Čubrinu (2 376 m) vedie niekoľko veľkolepých trás, menovite v 850 m vysokej severovýchodnej stene, ktorá je navštevovaná horolezcami najmä v zime.

Nádherný je masív Mengusovských štítov, ktorý okrem menej dôležitých vyvýšenín tvoria Veľký (2 424 m), Prostredný (2 393 m) a Východný Mengusovský štít (2 398 m). Je vyslovene horolezeckým terénom, hoci poľskí pytliaci prechádzali Mengusovským sedlom (2 307 m) už začiatkom 19. storočia a roku 1861 sa skupina šiestich poľských turistov so štyrma vodičmi a piatimi nosičmi vydala v ich stopách. Najimpozantnejší pohľad na skupinu Mengusovských štítov sa ponúka od Morskieho Oka, odkiaľ vystupujú 820 m vysokou severnou stenou a vyše 1 000 m vysokým severovýchodným pilierom Veľkého Mengusovského štítu, cez ktorý prví horolezci prechádzali už roku 1877. Tak severná stena, ako i severozápadný pilier, je jedným z obľúbených cieľov moderného zimného horolezectva.

Na prvý pohľad nenáročný, vodorovný úsek hlavného hrebeňa, Volí chrbát, ponúka tiež horolezecké príležitosti všetkých možných stupňov. Mimoriadnej pozornosti sa teší severná a juhozápadná stena Volej veže (2 360 m) s niekoľkými krajne obťažnými výstupmi. Osobitnú rolu zohral v horolezeckých dejinách Vysokých Tatier Žabí kôň (2 291 m). Prvovýstup južnou stenou, ktorý naň spravili 12. septembra 1905 Katarína Bröskeová a Šimon Häberlein, bol senzáciou ako športovo najatraktívnejší a najsmelší horolezecký výkon vtedajších čias, nevšedný o to viac, že sa na ňom podieľala žena. Severná stena, ktorú po mnohých pokusoch zdolali roku 1929 Lida Skotnicová, Bronisław Czech a Wiesław Stanisławski, mala dlho povesť jednej z najťažších tatranských stien.

Rysy (2 503 m) netreba dnes už nikomu osobitne predstavovať. Patria medzi najnavštevovanejšie, aj turisticky prístupné končiare Vysokých Tatier. Ako ideálny vyhliadkový bod si v druhej polovici 19. storočia vyslúžili veľavravný epiteton ornans tatranského Rigi. Z československej i z poľskej strany vedie na ne červeno značkovaný chodník, od roku 1881 opätovne zlepšovaný a zabezpečovaný technickými pomôckami.

Najväčším súperom Kriváňa v súťaži o najkrajší vrch na Slovensku bola Vysoká (2 560 m). Elegantná je už pri pohľade od Štrbského plesa. Čo do výšky je síce len na desiatom mieste medzi tatranskými velikánmi, no jej názov zodpovedá dojmu, že svojimi gotickými a vzletnými tvarmi prevyšuje aj najvyššie elevácie Tatier. Prvý doložený výstup vykonal roku 1874 Mór Déchy s vodcami Jánom Rumanom-Driečnym a Martinom Spitzkopfom. Dnešní horolezci sa radi orientujú na severnú a východnú stenu, ktoré v lete i v zime ponúkajú skvelé lezecké možnosti.

Turistický priechod z Kôprovej do Mengusovskej doliny, priečne cez krivánsku rázsochu umožňuje modro značkovaný chodník cez Vyšné Kôprovské sedlo (2 180 m), pod Kôprovským štítom (2 367 m), ktorý je až na červeno označenú trasu zo sedla po juhovýchodnom hrebeni len horolezecky prístupný. Odmenou za výstup je popri športovom zážitku široký a pozoruhodný výhľad.

Osobitný význam má niekoľko dlhých južných ramien krivánskej rázsochy, ktoré tvoria bočné uzávery samostatných dolín, najmä Furkotskej a Mlynickej doliny.

V Soliskovom hrebeni, ktorého uzol s osou rázsochy tvorí Furkotský štít (2 405 m), dominuje Veľké Solisko (2 404 m), ale návštevníkom Štrbského Plesa je dôverne známe najmä na juh vysunuté Predné Solisko (2 093 m) s turistickým chodníkom, sedačkou a chatou, od roku 1970 veľmi príťažlivý lyžiarsky areál. Horolezecky zaujímavý je prechod celým Soliskovým hrebeňom, po prvýkrát uskutočnený v lete roku 1906.

Z Hlinskej veže (2 330 m), ktorá priťahuje horolezcov predovšetkým z Mengusovskej doliny a v zime svojou skoro 500 m vysokou stenou s charakteristickými rebrami, vybieha asi 4 km dlhý, v pravom zmysle slova baštovitý hrebeň Bášt, ktorý kulminuje vrcholom Satana (2 432 m) a dozníeva v pozvoľnom, kosodrevinou a lesom porastenom úbočí Trigana, kade vedie Magistrála k Popradskému plesu.

Zo západnej strany sa rovnobežne s krivánskou rázsochou vkliňuje medzi Kôprovú a Tichú dolinu juhozápadný vedľajší hrebeň Hladkého (2 066 m), vrcholiaci rozložitou skalnato-trávnatou Veľkou kopou (2 052 m). Celé toto pásmo tvorí prísnu rezerváciu Tatranského národného parku.

SYMBOLY SLOBODY

OBLASŤ KRIVÁŇA

5. BAŠTOVÝ HREBEŇ ▷

7. ZADNÁ TICHÁ DOLINA – VALENTKOVO PLIESKO – ČERVENÉ VRCHY

Hanlivo znejúci názov Svinice
vyjadruje dlhotrvajúce a márne
pokusy o zdolanie jej
juhovýchodného, hlavného
vrchola. Zato na trávnatých,
miernych hrebeňoch Červených
vrchov sa od nepamäti pohybovali
liptovskí i goralskí pastieri
a poľovníci na kamzíky.

Kedysi štúrovci, o storočie neskôr
partizáni z oddielu Vysoké Tatry
snívali tu o slobode a zápasili o ňu.

8. KRIVÁŇ (2 494 m)

10. POZOR, NÁMRAZA!

9. LIPTOVSKÉ KOPY (2 052 m)

11. NECH SI PRŠÍ...

12. KÔPROVÁ DOLINA (GARAJOVA POĽANA) – HRUBÉ

13. HLADKÝ – VEĽKÝ MENGUSOVSKÝ ŠTÍT – ČUBRINA – KÔPROVSKÝ ŠTÍT

14. KAMENISTÁ DOLINA – BYSTRÁ (2 250 m)

Západné Tatry kulminujú v Bystrej
(2 250 m). A tak ako najvyššie
končiare Vysokých Tatier neležia
v ich hlavnom hrebeni, aj ona
vyrastá z krátkeho bočného
ramena medzi Račkovou
a Kamenistou dolinou.

15. KULISA JUŽNÝCH SVAHOV VYSOKÝCH TATIER

16. KÔPROVÁ DOLINA V POCHMÚRNEJ NÁLADE

17. KRÁTKA (2 365 m) – KRIVÁŇ (2 496 m)

18. MLYNICKÁ DOLINA – FURKOTSKÝ ŠTÍT (2 405 m) – ŠTRBSKÝ ŠTÍT (2 385 m)

Krásy Mlynickej doliny a okolitých štítov dávno upútali pozornosť turistov i horolezcov. Žlto značkovaný chodník smeruje cez Bystré sedlo (2 314 m) do Furkotskej doliny. V ústí doliny vyrástol pred MS 1970 moderný lyžiarsky areál.

19. MENGUSOVSKÁ DOLINA

20. POHĽAD Z VYSOKEJ NA VÝCHOD

21. ŽABÍ KÔŇ (2 291 m)

Métou priekopníkov boli čo
najširšie rozhľady z najvyšších
vrcholov, dostupných aj
chodeckými smermi. Horolezci dali
prednosť atraktívnym, športovo
náročným výstupom, hoci na
groteskné vežičky, akou je Žabí
kôň.

23. ŽABÍ KÔŇ (2 291 m) A RYSY (2 503 m) Z HREBEŇA BÁŠT

Nik už presne nevie, čo vykonal
pytliak Kasper, či honelník Hinco,
že si vyslúžili „pomník"
v názvosloví Tatier. Dnes sa tu
nepasie, ani nepoľuje, ale visutá
lanovka z poľských Kuźníc na
Kasprov vrch priváža na hrebene
Tatier zástupy turistov.

24. HINGOVE OKÁ

25. Z ČERVENÝCH VRCHOV CEZ KASPROV VRCH (1 985 m) NA SVINICU (2 300 m)

26. NIŽNÁ DRAČIA ŠTRBINA A OŠARPANCE

Náhly zvrat počasia, pľúšte,
hrmavice, nepredvídateľné letné
metelice sú na jednej strane
veľkolepé prírodné divadlo,
rovnako však hrozba, s ktorou musí
rátať, kto sa chystá do hôr.

27. ŽABIE PLESÁ (1 919 m) POD RYSMI

Dračí štít vo vedľajšom
juhovýchodnom hrebeni Vysokej
patrí k lezecky najpríťažlivejším
objektom Vysokých Tatier.

Atmosféru neúsmevných Tatier
vari ešte lepšie ako obraz vyjadruje
hudba. Tobôž ak skladateľ bol
aktívny horolezec, ako autor Bouře,
národný umelec Vítězslav Novák.

28. POD DRAČÍM ŠTÍTOM (ASI 2 523 m)

29. ZLOMISKÁ – DRAČIE PLESO (1998 m) Z VYSOKEJ

30. KÔPKY (2 354 m) A POPRADSKÝ HREBEŇ Z RYSOV

Zlomiská sú odvetvím
Mengusovskej doliny. Ľadovce ich
stupňovite vymodelovali. Ako
prísna rezervácia sú prístupné len
organizovaným horolezcom.

31. VYSOKÁ (2 560 m) – ČESKÝ ŠTÍT (2 520 m)

32. MALÁ BAŠTA (2 286 m)

34. FURKOTSKÁ DOLINA – NIŽNÉ WAHLENBERGOVO PLESO – OSTRÁ (2 351 m)

V ľudových povestiach mal drak dôležitú rolu ako neoblomný strážca nerastných bohatstiev Vysokých Tatier. Kde na to nestačil, pomáhal mu satan kamennými lavínami plašiť dotieravých odvážlivcov. Dnes tomuto vyčínaniu živlov hovoríme prozaicky – zvetrávanie.

36. RUMANOVO SEDLO (ASI 2 280 m)

35. VYŠNÉ ŽABIE PLESO (2 040 m)

V 19. storočí zavládol zvyk
bezmenným objektom dávať názvy
podľa rôznych zaslúžilcov. Tak sa
v názvosloví Vysokých Tatier stretli
ako rovný s rovným napr.
významný švédsky učenec Göran
Wahlenberg a štôlsky horský
vodca-pastier Ján Ruman-Driečny
mladší.

Skupinu Žabích plies v Žabej
Mengusovskej doline tvoria tri
jazierka: Veľké, Malé a najmenšie
Vyšné Žabie pleso. Z Veľkého
Žabieho plesa (1 919 m) vytŕča
skalisko, ktoré pri pohľade od
východu a z vrchola Rysov
pripomína žabu.

37. KONČISTÁ (2 535 m) – LÚČNE SEDLO (2 168 m) – TUPÁ (2 284 m)

Končistá je najvyšší vrchol
v južnom hrebeni Popradského
Ľadového štítu. Štôlski horскí
vodcovia Ján Pastrnák a Ján
Ruman-Driečny vystúpili na ňu už
pred rokom 1874. Naoko je
impozantná, ale lezecky je
príťažlivá len východná stena,
predovšetkým v zime.

38. VEĽKÝ MENGUSOVSKÝ ŠTÍT (2 424 m) Z ČUBRINY

39. ĽADOVÉ ŠTÍTY (2 608, 2 627 m)

40. VYSOKÁ (2 560 m) – DRAČÍ ŠTÍT (ASI 2 523 m) – OŠARPANCE

Masív Vysokej s Českým a Dračím
štítom sa spoločne označuje ako
Koruna Vysokej a predstavuje
populárnu hrebeňovku. Výškou je
Vysoká na 10. mieste, ale svojím
vzhľadom je jedným
z najveľkolepejších tatranských
končiarov.

ŽULOVÉ KOLOSY

OBLASŤ GERLACHOVSKÉHO ŠTÍTU

41. POD ČERTOVOU VEŽOU ▷

Ako ďalší rajón nášho putovania po Vysokých Tatrách, ponúkame ich centrálnu oblasť s južnou expozíciou, ktorej suverénne vládne Gerlachovský štít. Veríme, že vyberáme správne. Ak sa k nám pridáte, aby ste nás sledovali po strmých žulových bezcestiach tejto časti Tatier, dúfame, že Vás nesklameme.

Hrdý, bizarne a smelo formovaný masív zubatých hrebeňov, rozložitých štítov a groteskných veží, fantastické krivky hlbokých preliačín a závratných výšin, impozantné hmoty skalnatých stien, pilierov a galérií, stupňovitých dolín, večným snehom vyplnených kotlín a zradných výmoľov, zrkadlá zádumčivých jazier a ihravých bystrín s hučiacimi vodopádmi, svojrázny mikrosvet obklopený lesmi, ovenčený stuhou kosodrevia a spestrený bujným koloritom žírnych vysokohorských polian – sú Vysoké Tatry, jediné veľhory Československa a hory neobyčajného pôvabu a krásy.

Z vtáčej perspektívy sú akoby skamenené rozbúrené more. Žulový reliéf so základňou 341 km² – z toho 260 km² na území ČSSR – zoradený kolmo k 26,5 km dlhej esovitej línii hlavného hrebeňa, chrbtici, z ktorej sa na sever i na juh načahujú dlhánske ramená rozvidlených rázsoch.

Obdivuhodný produkt všemocnej prírody, počatý vo svojom kryštalickom jadre na sklonku prvohôr, dozretý v druhej polovici treťohôr a napokon vymodelovaný do dnešnej podoby mohutnými, hlodavými diluviálnymi ľadovcami.

Plošne je to drobec medzi veľhorami sveta, a predsa, aj na malej ploche sú tu sústredené všetky dôležité atribúty veľhôr. Napríklad „maličkosť", ktorá by vás možno ani nenapadla: Bez ohľadu na ostatné klimatické činitele, pokles teploty na výškový meter sa tu vyrovnáva zhruba rozdielu teploty na kilometer vzdialenosti od rovníka k pólu. Z Popradskej kotliny čnie pred vaším zrakom horský masív s prevýšením dvoch tisícov metrov a na jeho svahoch je teda vo vertikálnom zoskupení zastúpený kus živej prírody, ktorá svojím charakterom zodpovedá dvom tisícom horizontálnych kilometrov, a teda prírode na čiare od Vysokých Tatier až po sever Škandinávie. V tom je práve základ bohatstva, pestrosti a krajinárskych hodnôt našich malých veľhôr a tajomstvo pretrvania rôznych glaciálnych reliktov, hoci všeobecná klimatická situácia sa za desaťtisíc rokov od ľadovej doby podstatne zmenila.

Hlavný hrebeň Vysokých Tatier oddeľuje na západe od Západných Tatier Ľaliové sedlo (1 947 m), na východe Kopské sedlo (1 749 m) od Belianskych Tatier. Jeho najvyššími končiarmi sú Zadný Gerlachovský štít (2 630 m), Ľadový štít (2 627 m) a Vysoká (2 560 m); väčšina ostatných vyvýšenín dosahuje 2 400– 2 500 m a sedlá klesajú iba v dvoch prípadoch pod 2 000 m. Tri najvyššie body – Gerlachovský štít (2 655 m), Gerlachovská veža (2 642 m) a Lomnický štít (2 632 m) – vyrastajú z južných bočných rázsoch, ktorých línie vystupujú opätovne nad 2 500 a 2 600 m. Je tu na sto významnejších vrchov a počet pomenovaných vyvýšenín – štítov, veží, ihiel a kôp – je isteže nie oveľa menší ako v starej bájke o obrovi, ktorý si porátal, že vládne 999 tatranským končiarom.

Ktožehovie, s akými pocitmi hľadieval na zaľadnené hory náš diluviálny prapredok, v reči vedcov homo neanderthalensis, ktorý pred 120 000 rokmi, nad prameňmi termálnych vôd pri dnešných Gánovciach a Hôrke otváral dejiny kontinuitného osídlenia Popradskej kotliny?

Možno, že len vizuálne a pasívne vnímal bariéru hôr ako koniec sveta, alebo presnejšie nepreniknuteľnú prírodnú hranicu svojho životného areálu a svojich záujmov i potrieb. Postupne sa ale vzťah človeka k horám obohatil o mytologické predstavy a zvedavosť potláčanú obavami pred ich tajomstvami a možnými nebezpečenstvami. Napokon však zvíťazila smelosť a pravekí lovci jaskynných medveďov a sobov prenikli aj do tatranských lesov. V druhej polovici posledného tisícročia pred naším letopočtom laténski hutníci tavili železo na južných úbočiach Slavkovského štítu a z huty pod Gerlachovským štítom pátrali po surovine aj na rôznych miestach hlboko vo Velickej doline.

Od 13.–14. storočia, keď sa po tatárskych vpádoch rozvinula historická kolonizácia Spiša a Liptova a hrebene Tatier sa stali prirodzenými severnými hranicami pre chotáre vznikajúcich podtatranských obcí, rozprúdila sa živá hospodárska exploatácia prírodných bohatstiev Vysokých Tatier. Dávnejší strach a neistota ustúpili túžbe po prospechu, nebezpečné a neprajné božstvá hôr sa v novšom bájosloví premieňali na neškodné rozprávkové postavičky, z ktorých podaktoré boli síce v jadre nepríjemné a zlé, ale v špecifických tatranských podmienkach skôr hlúpe a ľahko okabátiteľné. Preto ani názvy, ktoré na ich „počesť" dostávali rôzne štíty, doliny a plesá – spomeňme len Čertov chrbát, Dračie pleso, Satan či Pekelník – nikoho už neodstrašovali, napriek tomu, že v ľudovom bájosloví ostávali satani a draci neodmysliteľným „príslušenstvom" svojich tatranských pôsobíšť.

Osadníci v pote tváre sťahovali limby až z najvyšších polôh tatranského lesa, ak chceli mať trvanlivé, kvalitné a vzhľadné úžitkové drevo. Poľovali v lesoch i vysoko v horách, lebo medvediemu, svištiemu i kamzíčiemu mäsu prisudzovali nevšednú výživnú hodnotu a sadlu liečivú i magickú silu. Svoje stáda pásli takrečeno všade, kde to dovoľoval terén i úživnosť vegetácie vysokopoložených lúk. Vysoko na tatranské svahy zasiahli banícke pokusy liptovských a spišských haviarov. Nedostatok zlata, ktoré bolo tajnou nádejou a túžbou každého kutača, obrátil pozornosť realistickejšie mysliacich baníkov na meď, antimonit a železo. Nevyliečiteľní zlatokopi siahali po zaklínadlách a kabale a posledné groše vydávali za pochybné rukopisy tajnostkárskych zemských kľúčov, veriac, že za ich pomoci vypátrajú nevypátrateľné, vybájené „pokladnice" Tatier.

Historická hospodárska aktivita podtatranských obcí sa dodnes odráža aj v zemepisnom názvosloví, v pastierskych názvoch typu Kobylia dolinka, Volovec, Ovčiarska veža, v baníckych ako Bane, Meďodoly, Medená kotlina či Nemecký rebrík, v poľovníckych Strelecká kotlina, Svišťová dolina a podobne. Uverte nám ale, že ani v Kačacej doline, ani v Žabích plesách nik doteraz neobjavil hniezda

45. POHĽAD Z GERLACHOVSKÉHO ŠTÍTU NA ZÁPAD: BATIZOVSKÝ ŠTÍT – ZLOBIVÁ – RUMANOV ŠTÍT – GÁNEK – VYSOKÁ – RYSY

47. GERLACHOVSKÝ MASÍV Z HREBEŇA SVIŠŤOVÝCH VEŽÍ

Idealizmus, alpinizmus, moralita, entuziazmus, solidarita. Z ich začiatočných písmen vznikol roku 1921 názov prvej organizácie tatranských horolezcov – IAMES. Motívom jej odznaku je charakteristická vežička Gerlachovského masívu, na ktorú roku 1923 prví vystúpili zakladatelia spolku Mikuláš Mlynárčik a Fero Lipták.

48. BATIZOVSKÁ DOLINA – GERLACHOVSKÝ ŠTÍT (2 655 m)

49. POD VRCHOLOM

50. VELICKÁ DOLINA

Do Velickej doliny viedla už pred
naším letopočtom železiarska
cesta z laténskej huty pod
Slavkovským štítom. Často sem
chodili pastieri, pytliaci, hľadači
pokladov. Od konca 18. storočia
lákala domácich i zahraničných
bádateľov, neskoršie turistov
i horolezcov. Kvetnica Velickej
doliny je floristickou klenotnicou
Tatier.

51. DIVÁ VEŽA (2 376 m) – VÝCHODNÁ VYSOKÁ (2 428 m)

52. BRADAVICA (2 476 m)

53. VELICKÁ DOLINA – VELICKÝ ŠTÍT (2 319 m)

55. VELICKÁ DOLINA V ZIME

54. BATIZOVSKÝ ŠTÍT (2 448 m)

Batizovský štít v najjužnejšej časti
oblúka hlavného hrebeňa
Vysokých Tatier je pre horolezcov
veľmi atraktívny. Lákavé sú najmä
južné zrázy s mohutnými skalnými
platňami. Prvý naň vystúpil roku
1900 Karol Jurzyca s horským
vodcom Jozefom
Galkom-Rusnákom zo Štôly.

56. VYŠNÉ GRANÁTOVÉ SEDLO – VELICKÁ DOLINA

Velické Granáty tvoria
juhovýchodné rameno Bradavice
medzi Velickou a Slavkovskou
dolinou. Najvyššia v nich je Rohatá
veža. Do Velickej doliny sa zvažujú
Opálovou, Granátovou a Velickou
stenou. V masíve je veľký výber
horolezeckých možností.

57. VELICKÉ GRANÁTY – VELICKÁ STENA

58. PRÍRODNÉ ALPÍNUM

59. GERLACHOVSKÝ ŠTÍT (2 655 m)

60. NAD SLIEZSKYM DOMOM

61. GUĽATÝ KOPEC (2 129 m)

V Zadnom Gerlachovskom štíte
dosahuje hlavný hrebeň Tatier svoj
najvyšší bod. Medzi Batizovskú
a Velickú dolinu vysiela rázsochu
Gerlachovského štítu.

62. SLAVKOVSKÁ DOLINA – SZONTAGHOVO PLESO (2 032 m) – DVOJITÁ VEŽA (2 312 m)

63. VELICKÁ DOLINA – GERLACHOVSKÝ ŠTÍT (2 655 m)   64. GERLACHOVSKÝ ŠTÍT – ROHATÁ VEŽA – BRADAVICA

Prečo Divá veža? Pozrite sa na ňu!
Niektoré jej „cesty" dosahujú VI.
stupeň obťažnosti (krajne ťažké).

66. DIVÁ VEŽA (2 376 m)

67. BATIZOVSKÁ DOLINA – KONČISTÁ (2 535 m)

68. BATIZOVSKÁ DOLINA – POPRADSKÝ ĽADOVÝ ŠTÍT (2 390 m) – KAČACÍ ŠTÍT (2 401 m) – BATIZOVSKÝ ŠTÍT (2 448 m)

Kačací štít zaujíma horolezcov od roku 1904. Jeho severné zrázy ponúkajú ideálne klasické zimné cesty v kombinovanom teréne so skalou a snehom. V južnej stene sa od roku 1952 lezú cesty IV.–V. stupňa obťažnosti.

69. SLAVKOVSKÝ ŠTÍT (2 452 m) – BRADAVICA (2 476 m)

70. POĽSKÝ HREBEŇ (2 200 m) – GERLACHOVSKÝ ŠTÍT (2 655 m)

71. ZADNÝ GERLACHOVSKÝ ŠTÍT (2 630 m)

HORY PRIEKOPNÍKOV

OBLASŤ LOMNICKÉHO ŠTÍTU

72. RÁNO POD TÉRYHO CHATOU ▷

V 16. storočí bolo celkom prirodzené, že desiatky, možno stovky ľudí so stádami oviec, jalovíc a volov trávievali letá na tatranských holiach a pritom si, nikým nerušení, zalovili na kamzíky, medvede i svište.

Nik sa nečudoval, ak niektoré dielne poctivých stolárov, čižmárov, ihlárov či zámočníkov v podtatranských mestách našiel v lete zatvorené, lebo páni majstri sa vybrali hľadať údajné poklady do tatranských jaskýň, zlaté vajcia čarodejných kačíc do Kačacej doliny, drahokam čo padol z neďalekých strmín do vôd Zeleného plesa, či ryžovať zlato z piesku „bohatých" potokov.

Každý vedel o tom, že cez horské sedlá prechádzajú zbojníci a pašeráci; a každý to pokladal za samozrejmé.

Hory predsa neboli už pusté.

Podozriví boli iba ľudia, ktorí do hôr prichádzali bez zdanlivých príčin. Začali sa objavovať zhruba v polovici 16. storočia a bolo ich z roka na rok viacej. Najstaršie písomné pramene ich nazývali naturae admiratores – obdivovatelia prírody. Hospodárskym exploatátorom prírodných bohatstiev Vysokých Tatier to ale nič nevravelo. Veď kto by sa pochabo a pre nič-za nič štveral kamennými bezcestiami, vystavoval nepohodliu a trucoval s nástrahami nevypočitateľnej, tajuplnej prírody „Snežných hôr"?

Radosť zo zážitku, potešenie z krásy neboli dosť presvedčivé argumenty.

Ako blesk sa rozchýrilo, že do hôr sa tlačia čarodeji robiť na zlosť a na škodu ľuďom, aby ovce nedojili, kamzíky sa vedeli stať neviditeľnými a zázračné kačky začali klásť len žulové vajcia.

V takomto napätom ovzduší sa odohrala prvá historicky doložená, v súdobej kežmarskej kronike Liber Censuum et aliarum Diarium opísaná, nezištná, etickými pohnútkami vyvolaná expedícia Kežmarčanov do Vysokých Tatier. Stalo sa to cez turíčne sviatky, teda v polovici júna roku 1565. Dcéra poľských nížin, kňažná Beáta Kościelecka, ktorá sotva mesiac predtým vtiahla do Kežmarku ako novopečená manželka zámockého pána Albrechta Laského, vybrala sa v spoločnosti niekoľkých mešťanov k Zelenému plesu (možno až do Predných Meďodolov), lebo zatúžila zblízka sa potešiť pohľadom na nebotyčné hory. Jej partnermi boli najpravdepodobnejšie lyceálni profesori, lebo o tých vieme, že už v oných časoch vodili študentov na náučné túry do Vysokých Tatier. Ale kronikára zaujala len osoba kňažnej, predstaviteľky nežného pohlavia a vysokej spoločenskej triedy. Jej čin nepokladal iba za výstrednosť, skôr kacírsku hriešnosť, ktorá mohla boží hnev obrátiť proti všetkým Kežmarčanom. Preto sa aj správa o výlete objavuje v kapitole o pohromách a nešťastiach, ktoré navštívili mesto. Nebol to len názor kronikára. Len čo sa Beáta vrátila z výletu, manžel ju zavrhol a navždy uvrhol do hradnej temnice.

Takto neradostne sa začali písať dejiny tatranskej turistiky v prekrásnej doline pod Lomnickým štítom.

Kežmarské lýceum bolo však už centrom, ktoré sa cieľavedome pustilo do boja s predsudkami: do bádania Tatier, do popularizácie poznatkov o horskej prírode i výchovy mladých záujemcov o jej poznávanie. Jeho odchovanci sa stali aj pioniermi objavných výstupov na tatranské štíty.

Vieme iba o tých, ktorí svoje túry opísali, alebo presnejšie, ktorých relácie o vykonaných túrach sa nám dodnes zachovali. Bolo ich však bezpochyby viacej.

V júni 1615 vystúpil neskorší kežmarský astronóm a matematik David Frölich s dvoma kamarátmi na „najvyšší štít kežmarských vrchov", čím v chotári mesta bol Kežmarský štít (2 558 m). Bezpečne naň vystúpil roku 1654 wróclawský žiak kežmarskej školy, neskorší hudobník Daniel Speer s piatimi spolužiakmi a sprievodcom, učiteľom z Rakús (len tak mimochodom: už výborne vystrojeným pomôckami – lanami a stúpacími železami nielen pre osobnú potrebu, ale aj pre „zákazníkov"). Síce ani Speer nám neuviedol názov „svojho" štítu, ale jeho itinerár v cestopise, ktorý uverejnil pod pseudonymom Uhorský a či dácky Simplicissimus, umožňuje svojou podrobnosťou dokonalú rekonštrukciu túry z doliny Bielej vody cez Veľkú Svišťovku do Huncovskej kotliny a z nej po hrebeni cez Huncovský na Kežmarský štít. Uplynulo ďalších desať rokov a prví turisti na čele s mladým učiteľom-praktikantom Jurajom Buchholtzom starším stáli na vrcholci Slavkovského štítu (2 452 m).

Kto bol prvý na najvyššom a najkrajšom vrchu tejto časti Tatier, na Lomnickom štíte (2 632 m), dnes už nik nezistí. Domnienka, že David Frölich pokladal za „najvyšší štít kežmarských vrchov" Lomnický štít, nie je ničím podložená. Prvý doložený výstup absolvoval roku 1793 anglický prírodovedec, lekár a cestovateľ Robert Townson, ale bezpochyby mal skorších predchodcov. Akiste to boli Fabriovci, príslušníci kežmarskej obuvníckej rodiny, ktorí sa primitívnymi metódami, ale vytrvalo pokúšali o banícke šťastie na severnej strane Lomnického štítu, na Medených lávkach. Bola to sizyfovská práca a výsledok žiaden. Túžili po zlate, no kožené vaky, v ktorých narúbanú rudu na drevených nošiach teperili cez Nemecký rebrík alebo rovnako nebezpečnou cestou cez Veľkú Zmrzlú dolinu do svojej chatrče pod Zeleným plesom, mali naplnené iba malachitom a trošičkou striebra. Jakub Fabri starší, ktorý „hospodáril" na Medených lávkach voľakedy v rokoch 1760–1790, aj sám rozchyroval, že vystúpil na vrcholec Deda, teda Lomnického štítu, netvrdil však nikdy, že bol na ňom prvý. Tým nepriamo doznal, že ho už voľakto, najskôr z jeho rodu, obral o prvenstvo. Fabriovci poznali aj cestu z Lomnického štítu cez Lomnické sedlo k Skalnatému plesu. Fabriovská trasa cez Medené lávky upadla do zabudnutia a v očiach turistov i horolezcov stratila svoj význam.

Masív Lomnického štítu oddeľuje Malú Studenú dolinu od horných úvalov doliny Bielej vody – Veľkej Zmrzlej doliny a doliny Zeleného plesa –, bol teda arénou najstarších úsilí človeka o výstupy na vysoké štíty. Motívom týchto snáh bola zo začiatku túžba po poznaní neznámeho, snaha vyprobovať, čo znamená pre človeka pobyt v takých výškach a úsilie získať lepší rozhľad, teda lepšiu orientáciu v celých týchto horách. Objavné výstupy mali preto za cieľ relatívne vysoké končiare, no ich trasy viedli najľahšími smermi, ktoré i pri nedostatku skúseností a výstroja ponúkali čo najväčšiu nádej na dosiahnutie cieľa a zaručovali bezpečnosť turistov či horolezcov (oba tieto pojmy sa tu ale objavili až oveľa neskôr) a najmenej fyzického zaťaženia pre ich organizmus.

Komunikačné sprístupnenie Tatier a výstavba zariadení cestovného ruchu urýchlila v 70. rokoch 19. storočia proces turistického a horolezeckého poznávania veľhôr. Do konca storočia nebolo už významnejších vrchov, ktoré by si boli zachovali svoju nedotknutosť.

A pretože človek smeruje vždy napred, hľadal nové cesty. Známe štíty a po známych trasách, no za celkom iných podmienok a okolností začal navštevovať v zime, teda v čase, ktorý skoršie pokladal za celkom nepríhodný na chodenie do hôr. Na končiare, zlezené už klasickými smermi, hľadal nové, atraktívne cesty, bez ohľadu na ťažkosti, aké sa tam vynárali. Nenechal sa ovplyvňovať očividnou markantnosťou štítov a začal sa zaujímať o vrcholce, ktoré unikali pozornosti priekopníkov, ale ponúkali často pozoruhodnejšie lezecké možnosti ako ich mohutní susedia. Začali sa striedať generácie horolezcov, ktorých hlavným cieľom sa stal športový zážitok rastúcej úrovne a náročnosti a napríklad výhľad z dosiahnutej kóty začal už hrať len podružnú rolu.

Dôležité miesto na začiatku tejto aktivity mal Ostrý štít (2 360 m). Mýtus, že je nedostupný, sa rozplynul po výstupe, ktorý sa roku 1902 po mnohých pokusoch vydaril Karolovi Englischovi a jeho matke Antónii s dvojicou novoleśnianskych vodcov Jánom Strompfom a Jánom Hunsdorferom starším od severu. Výkon prvolezcov neprevýšil špičku dovtedajších horolezeckých úspechov vo Vysokých Tatrách, ale upozornil ďalších horolezcov na Ostrý štít. Výstup južnou stenou, ktorý o tri roky neskôr vykonali Simon Häberlein, Katherine a Maximilian Bröskeovci a lokálne dosahoval po prvýkrát IV. stupeň obťažnosti, s hodnotením „veľmi ťažký", znamenal začiatok skutočných úspechov a historického nástupu športového horolezectva vo Vysokých Tatrách.

V tom istom roku vykonali horolezci ešte dva prvovýstupy rovnakého hodnotenia. Južnou stenou Žabieho koňa a na Baštové sedlo z Mengusovskej doliny. Lavína sa pohla.

Hoci prvé mimoriadne ťažké (V.) výstupy vykonali horolezci už roku 1909 na severnej stene Javorového štítu a severovýchodnej stene Mnicha, začiatkom sústredeného náporu na najťažšie skalné zrázy Tatier sa stal o rok neskôr preslávený prvovýstup štyroch poľských horolezcov – Henryk Bednarski, Józef Lesiecki, Leon Loria, Stanisław Zdyb – južnou stenou na Zamarłu Turniu. Wiesław Stanisławski pri prvovýstupe v severovýchodnej stene Mnícha roku 1930 prvý vo Vysokých Tatrách použil skobovaciu techniku a v tom istom roku „padol" aj najväčší problém, ktorý zamestnával mysle vtedajšej horolezeckej elity – povestná západná stena Lomnického štítu. Na nej dosiahli Wincenty Birkenmajer a Kazimierz Kupczyk aj hranicu krajne ťažkého VI. stupňa obťažnosti.

Ale už v tom čase sa na stránkach tlače, celkom paradoxne, ozývali hlasy akurát za sprístupnenie Lomnického štítu visutou lanovkou. Končili sa časy, keď aj ľudia so železnou vôľou „s pokorou a nemým obdivom" komunikovali s jedným z kráľov Tatier. Sprofanizované postavenie Lomnického štítu vyjadril lekár-himalájec Jaromír Wolf v knihe Šivova velká noc (Praha 1979) v tvarovej paralele s himalájskym obrom Makalu slovami: „Jestliže jste někdy stanuli na vrcholu štítu, který býval z nejkrásnějších vrcholů Tater, dokud se nestal naší nejvýše položenou astronomickou observatoří, hospodou, konečnou stanicí lanovky a nejvýše položeným smetištěm naší krásné vlasti, totiž na štítu zvaném horolezci Lomničák, a pohlédli jste na východ ke Kežmarskému štítu, naskytl se vám podobný pohled jako prvnímu vrcholovému družstvu československé expedice na Makalu v roce 1976.

Miloš Janoška vo svojom Sprievodcovi po Tatrách (Liptovský Mikuláš 1911) ešte s istou úctou a obdivom konštatuje, že „už aj dámy vyliezli na tento ináč dosť ťažko prístupný a na viacerých miestach i s nebezpečím spojený štít" a upozornenie Mikuláša Szontagha st., v jeho sprievodcovi z roku 1888, že „na štít sa zmestí sotva desať ľudí", nám dnes už prichodí takmer neuveriteľné. Od roku 1940 vyvezie visutá lanovka na Lomnický štít kohokoľvek, kto zvíťazí v boji o cestovné lístky: mužov, ženy, zdravých, chorých, smelých, bojazlivých, deti, vetchých starcov.

Výhľad z Lomnického štítu je mimoriadne pekný a široký a za osobitne priaznivých podmienok dovidieť z končiara až po maďarský Tokaj, Mátru i Bukové hory (150 km), na moravské Jeseníky so známym Pradědom (225 km), krkonošskú Sněžku (360 km), poľskú Lysú horu v Svätokrížskych horách (200 km) i Hoverlu v Ukrajinskej SSR (300 km). Lomnický štít je síce o 23 metrov nižší ako najvyšší vrch Tatier, môže sa však utešovať skutočnosťou, že obidva nerozdelil mohutnejší rival a môžu si bez problémov pozerať do očí. Výškový handicap plne vynahrádza Lomnickému štítu jeho veľkolepá elegantnosť tvarov, jeho monolitická žulová masa v podobe trojhranného ihlana s obrovskou východnou a západnou stenou, ktorá napriek stavbám na vrchole nestratila ešte svoj cveng medzi najzarytejšími milovníkmi Tatier. Tri krajne ťažké cesty a ďalšie náročné možnosti priťahujú aj dnes najzdatnejších, hoci im po ceste z končiara dolieha do uší kakofónia zvukov a ich trasa vyúsťuje cez zábradlie na umelé plateau, do davu zvedavcov.

„Cestujúci", ktorý sa dovezie na končiar lanovkou, má dvadsať minút času. Po ich uplynutí treba spraviť miesto ďalšej várke cestujúcich, ale predovšetkým samým sebe zabezpečiť bezproblémový návrat. Prevažnej väčšine zvedavcov to vlastne aj vrchovato stačí, dokonca i na to, aby sa už začínali nudiť. Dole je teplejšie a útulnejšie, nie je tak hrozivo, cítite sa bezpečnejšie, domáckejšie, máte viac voľného priestoru a ste obklopení civilizáciou podľa vlastných predstáv.

Takýmito búrlivými metamorfózami prešiel za posledných zopár desaťročí vrchol, ktorý sa stal Dedom, hoci sa dovtedy za desaťtisíc rokov po ľadovej dobe sotva nejak zmenil.

Presvedčte sa ale, že v kráľovstve Deda je stále dosť toho, čo nám ešte môže pripomínať prekrásnu a nedotknutú praprírodu Tatier.

73. LOMNICKÝ ŠTÍT (2 632 m), ZÁPADNÁ STENA

Keď sa anglický cestovateľ Robert
Townson roku 1793 pred výstupom
na Lomnický štít utáboril v Malej
Studenej doline, prilákala vatra
a vôňa pečienky vyhladnutých,
zúbožených zlatokopov, ktorí sa
niekoľko rokov plahočili po
„pokladoch" Tatier.

74. VIDLY – LOMNICKÝ ŠTÍT – PYŠNÝ ŠTÍT (2 623 m) Z KOLOVÉHO ŠTÍTU

Možno aj vy začujete pri prechode
Malou Studenou dolinou kladivový
klopot z okolitých štítov. Buďte si
však istí, že to nie sú zlatokopi, ale
horolezci, ktorí objavujú pravé
a reálne poklady týchto hôr.

75. SKALNATÁ DOLINA – SKALNATÉ PLESO (1 751 m) – LOMNICKÝ ŠTÍT (2 632 m), VÝCHODNÁ STENA

76. LOMNICKÉ SEDLO (2 189 m) – LOMNICKÝ ŠTÍT (2 632 m)

77. OSTRÝ ŠTÍT (2 360 m) – JAVOROVÉ ŠTÍTY (2 417 a 2 385 m). V POZADÍ VYSOKÁ – RYSY – MENGUSOVSKÉ ŠTÍTY

78. PROSTREDNÝ HROT (2 441 m) – MALÝ HROT – ŽLTÁ VEŽA (2 385 m)

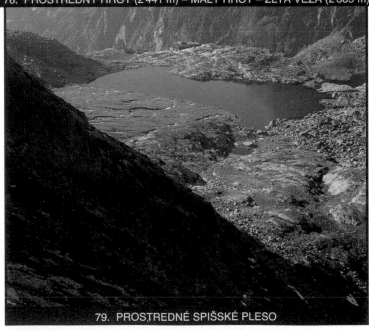

79. PROSTREDNÉ SPIŠSKÉ PLESO

Prostredný hrot vysiela do Malej Studenej doliny trojuholníkovitý útvar – Žltú stenu a tá núka jeden z najnáročnejších technických výstupov vo Vysokých Tatrách.

80. VEĽKÁ STUDENÁ DOLINA – ŠIROKÁ DOLINA – ŠIROKÁ VEŽA (2 461 m) – PYŠNÉ ŠTÍTY (2 592 a 2 623 m) – LOMNICKÝ ŠTÍT (2 632 m) – PROSTREDNÝ HROT (2 441 m)

Priečne sedlo pretína značkovaná
Ostravská cesta. Na strmom, 45 m
vysokom výšvihu Priečnej veže
často vidieť horolezcov.

81. JAVOROVÉ A ĽADOVÉ ŠTÍTY   82. PRIEČNA VEŽA – PRIEČNE SEDLO (2 352 m)

85. SLAVKOVSKÝ ŠTÍT (2 452 m) Z VEĽKEJ STUDENEJ DOLINY

Tradovaný údaj, že pri zemetrasení
roku 1662 sa rozpadol vrchol
Slavkovského štítu a hora stratila
na výške celých 300 m, netreba
brať vážne. Juraj Buchholtz starší,
ktorý roku 1664 prvý vystúpil na
tento končiar, spomína len prietrž
mrakov a zrútenie skaly „veľkej ako
džber".

86. VEĽKÁ STUDENÁ DOLINA – VEČERNÁ IDYLA

Keď sa slnko skryje za hrebene
Tatier, detaily zaniknú
a v západnom uzávere Veľkej
Studenej doliny sa belaso črtajú
obrysy Kupoly (2 414 m),
Východnej Vysokej (2 428 m)
a Divej veže (2 376 m). Je na nich
už ticho. Horolezci oddychujú na
Zbojníckej chate.

87. MEDENÁ KOTLINA – VIDLY – LOMNICKÝ ŠTÍT – PYŠNÉ ŠTÍTY

88. MALÁ STUDENÁ DOLINA – MALÝ ĽADOVÝ ŠTÍT (2 608 m) – ĽADOVÝ ŠTÍT (2 627 m)

89. VEĽKÁ STUDENÁ DOLINA – VAREŠKOVÁ KOTLINA

Varešková kotlina má názov podľa
tatranského endemitu lyžičníka
tatranského (Cochlearia tatrae).
Listy lyžičníka majú tvar podobný
vareške.

90. VEĽKÁ ZMRZLÁ DOLINA – STOLARCZYKOVO SEDLO (ASI 2370 m) – ČIERNE VEŽE – ČIERNY ŠTÍT (2434 m)

91. MALÁ ZMRZLÁ DOLINA – ČIERNY ŠTÍT (2 434 m)

92. BARANIE ROHY – ČIERNY ŠTÍT

93. KOLOVÝ ŠTÍT – JASTRABIA VEŽA

94. MALÝ KEŽMARSKÝ ŠTÍT (2 513 m), SEVERNÁ STENA

Malý Kežmarský štít vyrastá
z doliny Zeleného plesa
veľkolepou, 900 m vysokou
severnou stenou, najväčšou vo
Vysokých Tatrách.

95. MALÝ KEŽMARSKÝ ŠTÍT (2513 m), SEVERNÁ STENA

Začiatky horolezeckého záujmu
o severnú stenu Malého
Kežmarského štítu siahajú do roku
1912. Cez Nemecký rebrík, ktorý ju
pretína, chodili však zlatokopi na
Medené lávky už v 18. storočí.

Strelecká veža tvorí
charakteristický blok v severnom
uzávere Veľkej Studenej doliny.
Z doliny vyčnieva strmou a vysokou
stenou. A jej názov? Kedysi tu bolo
eldorádo poľovníkov na kamzíky.

96. VEĽKÁ STUDENÁ DOLINA – STRELECKÁ VEŽA (2 130 m)

97. CIEĽ VÝSTUPU: KOLOVÝ ŠTÍT (2 418 m)

98. DOLINA ZELENÉHO PLESA – BRNČALOVA CHATA Z JASTRABEJ VEŽE

99. MALÁ STUDENÁ DOLINA – PÄŤ SPIŠSKÝCH PLIES

Pri Piatich Spišských plesách stojí
od roku 1899 Téryho chata. Podnet
k jej výstavbe dal banskoštiavnický
lekár Edmund Téry. Jeho
prvovýstupy na Prostredný hrot,
Pyšný štít a Poslednú vežu patrili
medzi špičkové výkony 70. rokov
19. storočia.

100. KEŽMARSKÝ ŠTÍT (2 558 m), JUŽNÁ STENA

Kežmarský štít je prvý tatranský
končiar, na ktorý vystúpili ľudia
s turistickými zámermi: roku 1615
Dávid Frölich a roku 1654 Daniel
Speer-Simplicissimus so
spoločníkmi. Horolezecky
najpríťažlivejšia je 550 m vysoká
južná stena.

101. VEĽKÁ STUDENÁ DOLINA

102. ZBOJNÍCKA CHATA, VEČERNÁ IDYLA

Zbojnícka chata vo Veľkej Studenej
doline slúži už od roku 1907. Novú
podobu získala po rekonštrukcii
roku 1986.

103. SOCHÁRSKE DIELO DILUVIÁLNEHO ĽADOVCA

104. ŠIROKÁ VEŽA (2 461 m)

V južnej stene Širokej veže s mimoriadne pevnou štruktúrou skalného povrchu sú výstupové cesty až VI. stupňa obťažnosti.

105. SLAVKOVSKÝ ŠTÍT (2 452 m) Z MAGISTRÁLY

106. MRAKY NAD VEĽKOU ZMRZLOU DOLINOU

107. JAHŇACÍ ŠTÍT (2 229 m)

108. KOSTOLY (2 151 a 2 088 m)

110. MEDENÁ KOTLINA – POSLEDNÁ VEŽA – PYŠNÉ ŠTÍTY Z UŠATEJ VEŽE

111. SNEHOVÝ ŠTÍT (2 467 m) – ĽADOVÉ SEDLO (2 341 m) – BARANIA STRÁŽNICA

Pyšný štít je najvyšším a najkrajším vrchom v hornej časti rázsochy Lomnického štítu. Názov vystihuje jeho smelé tvary. Na štít vedú cesty všetkých stupňov obťažnosti. Prvý naň vystúpil roku 1877 Edmund Téry s vodcom Martinom Spitzkopfom.

112. JAVOROVÝ ŠTÍT (2 417 m) – OSTRÝ ŠTÍT (2 360 m)   113. ŠIROKÁ VEŽA (2 461 m)

114. MODRÉ PLIESKO (2 190 m) – MALÝ ĽADOVÝ ŠTÍT (2 608 m), VÝCHODNÁ STENA

115. PYŠNÝ ŠTÍT (2 623 m) – LOMNICKÝ ŠTÍT (2 632 m) ZO ŠIROKEJ VEŽE

116. VEĽKÁ STUDENÁ DOLINA – PROSTREDNÝ HREBEŇ

Prostredný hrebeň tvorí dlhý
juhovýchodný výbežok Širokej
veže medzi Veľkou a Malou
Studenou dolinou. Od hlavného
hrebeňa Vysokých Tatier ho
oddeľuje Priečne sedlo a svoj
kulminačný bod dosahuje
v Prostrednom hrote (2 441 m).

117. MALÝ KEŽMARSKÝ ŠTÍT (2 513 m), SEVERNÁ STENA

118. BRADAVICA (2 476 m)

119. JAHŇACÍ ŠTÍT (2 229 m), ZÁPADNÁ STENA

120. JAVOROVÝ ŠTÍT (2 417 m), JUHOZÁPADNÁ STENA

121. KOZÍ ŠTÍT (2 107 m)

122. KOLOVÝ ŠTÍT (2 418 m), VÝCHODNÁ STENA

123. VEĽKÁ STUDENÁ DOLINA – MEMORIÁL JOZEFA PSOTKU

STRÁŽCOVIA SEVERU

OBLASŤ ĽADOVÉHO ŠTÍTU

125. BRADAVICA OD JAVOROVÉHO HREBEŇA ▷

Od severu sa ľudia neskoršie, pomalšie a ťažšie dostávali do priameho styku s tatranskou prírodou. Terén je tu zložitejší, vzdialenosti väčšie, podnebie drsnejšie. Kameň na kameni, na kameni kameň, a na tom kameni kameň na kameni – vravievali ľudia, ktorí sa napokon predsa odhodlali vyrvať hlbokým pralesom kúsok ornej pôdy, prebiť sa s ovcami hustým lesným labyrintom na tatranské hole, obohatiť mäsom ulovenej zveri svoj jedálny lístok a nebodaj naďabiť na vráta tajnej „klenotnice", keď sú otvorené, aby sa v nej presúšalo zlato. Aj démoni dlhšie zotrvali v tejto časti Tatier, lebo človek sa im dlho neodvážil votrieť do ich sveta, a keď tak urobil, z núdze i zo zvedavosti, prichádzal s pokorou, rešpektujúc ich poslanie, nadvládu a silu.

Nápor vzrástol až niekedy v druhej polovici 18. storočia, keď sa majitelia lendackého veľkostatku, opantaní falošnými ilúziami o rozsahu rudných ložísk v Javorovej doline, rozhodli založiť na mieste dávnejších sezónnych salašov hutu na tavenie železa s hámrom na výrobu rôznych železných predmetov. Takto vznikla Javorina, ostrov skromnej ľudskej civilizácie uprostred rozľahlých zmiešaných porastov s pomiestnou prevahou malebných javorov v ústí Javorovej doliny.

Osadníci, ktorí popri práci v železiarňach, neskôr lepenkárňach a napokon v lesoch, mali svoje ovce a radi si zalovili na kamzíky, od konca 18. storočia čoraz hlbšie prenikali do vysokých, stupňovitých kotlín Javorovej a Bielovodskej doliny a z nich na hrebene okolitých hôr.

Na území s nedostatkom polian a lúk sa pastieri naučili na povrazoch vyťahovať ovce cez skalné strminy Muráňa (1 890 m), aby sa im dali popásť na trávnatom vrcholovom plató. Zlatokopi neľutovali obrovskú námahu a vysekali do skál potrebné stupaje, aby sa dostali do mimoriadne ťažko dostupnej Ľadovej dolinky, lebo boli presvedčení, že je neprístupná, aby si čím dlhšie uchránila pred ľudskými votrelcami svoje „klenotnice". Je napodiv, ako dobre boli títo ľudia vystrojení do hôr. Z tajnostkárskych „zemských kľúčov" vyčítame, že okrem lán mávali po domácky zhotovené stúpacie železá (okovice), čakany (čupagy) i snežnice, ktoré možno od nich neskôr odkukali horolezci.

Tak sa človek, pachtiaci po zlate, alebo aj pytliak, prenasledujúci kamzíky, dostal až po zrázy Ľadového štítu (2 627 m), najvyššieho vrchu hlavného hrebeňa Vysokých Tatier, ktorý v Javorine, v Jurgove a v okolitých obciach pokladali za najvyšší končiar celých Tatier.

Tento názor prijal aj švédsky botanik a cestovateľ Göran Wahlenberg, keď roku 1813, za pomoci obyčajného pravítka, porovnával výšky viditeľných vrchov pri pohľade z Lomnického štítu.

Často citovaný údaj, že prvý sa z Ľadového štítu porozhliadol roku 1805 poľský geológ Stanisław Staszic, má chybičku krásy. Mal síce úmysel vyjsť na tento vrchol, no napokon bol rád, keď mu augustová nepriazeň počasia dovolila prieskum severných hrebeňov a svahov Širokej (2 210 m), okolia Žabieho plesa, Zadných Meďodolov, Čiernej a Kolovej doliny s výstupom na Kolový štít (2 418 m). Možno, pravda, predpokladať, že vtedy už vrchol Ľadového štítu nebol nedotknutý, a že na ňom stáli voľakedy koncom 18. storočia jurgovskí pytliaci.

Prvý spoľahlivý údaj o turistickom pokuse vystúpiť na Ľadový štít, konkrétne z Vyšného Ľadového sedla, je z roku 1835. Podnikli ho traja berlínski vysokoškoláci, brémsky rodák a neskorší lekár, známy ornitológ Gustáv Hartlaub, lotyšský geograf a cestovateľ Alexander Keyserling a zoológ Ján Blasius. Ich pokus stroskotal na Koni v severovýchodnom hrebeni Ľadového štítu.

Berlínskych študentov podnietil k výletu do Vysokých Tatier ich profesor na vysokej škole Karl Ritter, známy ako zakladateľ zrovnávacej geografie. Čo nevyšlo jeho poslucháčom, pokúsil sa neskôr dokázať sám so skúseným írskym alpinistom a botanikom Johnom Ballom. Ritter síce nedokončil výstup (mal už svoje roky!), ale Ball, hlavný inšpektor javorinských železiarní Karl Richter a neznámy vodca stáli 31. augusta 1843 po bivaku v hĺbke doliny a po zdolaní trasy od Žabieho plesa cez Suchý žľab na „najvyššom vrchu Karpát, na ktorý dovtedy nikto nevystúpil", ako referoval Ritter v liste datovanom v Kežmarku 2. septembra 1843 a určenom jeho bratovi Jánovi. Ballovým sprievodcom bol akiste Ján Buc, známy „Jonek Lysý", najchýrnejší pytliak na kamzíky, ktorý neskôr niekoľkokrát dokázateľne sprevádzal „klientov" na Ľadový štít. Dnešných horolezcov v lete priťahuje predovšetkým východná a v zime severozápadná stena Ľadového štítu, vysoká okolo 500 m. A len mimochodom, strmý prah Ľadovej dolinky, cez ktorý sa dvesto rokov predtým prebíjali zlatokopi, prekonali prví horolezci až v lete roku 1909.

V poslednej štvrtine 19. storočia, keď sa ešte nikto neodvážil predpokladať prehlásenie Vysokých Tatier ako celku za prírodnú rezerváciu, ozvali sa hlasy, že by štát mal primäť majiteľa Javoriny s Javorovou a Bielovodskou dolinou, aby mu odpredal túto čiastku Tatier ako najvhodnejší priestor pre zriadenie národného parku.

Nebolo to jednoduché. Veľkostatkár, pruský magnát, vášnivý poľovník, lipol na revíroch s množstvom lovnej zveri. Až keď zomrel, dedič bez záujmu o Vysoké Tatry predal zadĺžený javorinský veľkostatok československému lesnému eráru. Ale až zákonom Slovenskej národnej rady č. 11/1949 zo dňa 18. decembra 1948 stalo sa aj toto územie súčasťou Tatranského národného parku. Prevádzka javorinských železiarní a neskorších lepenkární pohltila veľké množstvá dreva a zanechala v lesoch Javorovej i Bielovodskej doliny veľkoplošné holoruby. Žírne horské poľany a lúky zarástli po extenzívnom vypásaní nehodnotnou, na raticiach zvierat dovlečenou smilkou. Veľkolepé poľovačky javorinského kniežaťa, ktorý miesto, kde zastrelil svojho tisíceho kamzíka označil pomníkom, ohrozili stavy lovnej zveri a importy cudzokrajných zvierat nezlepšili situáciu, lebo ak sa noví dosídlenci vyhli muškám poľovníkov a prispôsobili sa prostrediu, pomohli len zdegradovať autochtónnu faunu. Povojnové ochranárske opatrenia zlepšili už situáciu a krajinársky patrí oblasť Javorovej a Bielovodskej doliny k najcennejším častiam Tatranského národného parku.

Mýli sa turista, ktorý pri pohľade na tatranské štíty z ich úpätia má dojem, že sa horolezci v podsnežnom vegetačnom stupni pohybujú nad absolútnou hranicou živej tatranskej prírody. Nie sú tu len mŕtve a studené skaly.

V rastlinstve najvyšších tatranských vrcholov sú zastúpené hlavne lišajníky a machorasty, no aj desatina z 1 300 zaregistrovaných cievnatých rastliniek sa objavuje nad hranicou 2 300 m a z nich 45 druhov dokonca aj na končiaroch vo výškach nad 2 600 m. Botanik by bez rozpakov vymenoval hôľničku dvojradovú (Oreochloa disticha), lipnicu riedku (Poa laxa), iskerník ľadovcový (Ranunculus glacialis), horec ľadový (Gentiana frigida), lomikameň machovitý (Saxifraga bryoides) a celý rad ďalších. Životný cyklus rastlín je v týchto polohách mimoriadne krátky. Selekcia je tvrdá. O každú piaď pôdy je nadpočet uchádzačov a zápas prežívajú iba najzdatnejší. Ich životnou šancou ostáva len vytrvalosť, odolnosť a nenáročnosť, ale veľmi často len púha náhoda. Nadzemná časť prvosienky najmenšej (Primula minima) má sotva 2–3 cm, ale impozantný koreňový systém, pevne zakotvený do podložia, jej môžu závidieť aj veľké rastliny. A zvonček alpínsky (Campanula alpina)? Hneď na prvý pohľad pochopíte, že jeho „skafander" je šitý do drsných podmienok pod samými vrcholcami horských velikánov. Je pravdou, že priemerná ročná teplota je na Lomnickom štíte (a podobne na Ľadovom štíte) mínus 3,7 °C a v takýchto výškach prežíva rastlinstvo 286 mrazivých dní v roku, snehová prikrývka tu leží priemerne 236 dní a asi 200 dní lomcujú drobnými rastlinkami vetry s rýchlosťou najmenej 55 km za hodinu. Preto sa aj zvonček pridŕža podložia dlhými, polypovitými koreňmi, mikroklímu háklivého styku svojej byle s okolitou pôdou si napráva hrubou izoláciou z pozostatkov starých a vyschnutých listov a celú jeho nadzemnú časť kryjú dlhé a vlnité chĺpky. Takýto ho nachádzate na najvyšších vrchoch a na nižších, priaznivejších miestach býva očividne menej ochlpený. Iný otužilec vylučuje vápno, ktoré ho sivastým povlakom chráni proti nepohode, ďalší hustým olistením tvorí vankúšiky, ktoré dlho udržujú vlhko, chránia pred výparom a konzervujú teplo, sálajúce z pôdy. Na snehových úležiskách rastie aj vŕba bylinná (Salix herbacea), najmenšia drevina na svete. Arktická dryádka osemlístková (Dryas octopetala), ktorá si vo vápencových častiach Tatier našla domov na začiatku ľadovej epochy, objaví sa sem-tam aj na mylonitoch a môže sa dožiť storočného veku. Pravda, ak jej neublíži človek. Drobní, trpasličí hrdinovia. Nekonečne krehkí v porovnaní s prostredím, ktoré ich obklopuje, i v pomere k silám, ktoré ich dennodenne gniavia, nútiac ich bojovať, aby mohli prežiť. Ak si to uvedomujete, iste pochopíte rytierskosť a veľkosť rozhodnutia horolezca, ktorý radšej cúvne, aby nepoškodil trs drobných rastliniek na jedinej plôške s kúskom živnej pôdy v strmej skalnej stene.

Komplex Bielovodskej doliny nie je samostatným dolinným útvarom, ale hornou časťou a hlavným, členitým odvetvím Doliny Rybieho Potoku a Doliny Roztoki na území susedného Poľska. Štátna hranica vedie po hrebeni Žabích štítov a Siedmich Granátov až na dno doliny, ktoré v spodnej časti pretína korytom Rybieho potoka a Bielej vody, čím sa na vlastníctve spoločného ústia celého systému podieľajú na východnom brehu Československo a na západnom Poľsko. Teda istý symbol medzinárodného charakteru Tatier, ktorý sa od samých začiatkov tatranského horolezectva prejavoval v družnom stretávaní našich horolezcov s poľskými taternikmi na spoločnom lane i v spoločných snahách o záchranu najvlastnejších hodnôt pohraničných a spoločných veľhôr.

Z južnej strany uzatvára komplex Bielovodskej doliny úsek hlavného hrebeňa Vysokých Tatier od Malého Javorového štítu až po Rysy. Najpôsobivejšie scenérie núkajú Vysoká (2 560 m), ale najmä Ganek (2 459 m), ktorý z Kačacej doliny od severovýchodu strmie 750-metrovou bariérou jednej z najväčších a najveľkolepejších stien Vysokých Tatier. Na východnej strane oddeľuje Bielovodskú od Javorovej doliny rozložitá a bohato rozvetvená rázsocha Širokej (2 210 m), ktorá sa pre svoje nevšedné a nenahraditeľné prírodné hodnoty stala prísnou rezerváciou. Západný uzáver, ktorý dosahuje svoj najvyšší vrchol v Malých Rysoch (2 430 m), vysiela z Veľkého Žabieho štítu (2 259 m) vedľajšie rameno s vysunutou pyramídou svetlého, akoby múkou posypaného Mlynára (2 170 m).

Podstatnú zásluhu na tvarovej kráse doliny s jej odvetviami a na dnešnom pôdoryse okolitých horských masívov mala v dvoch posledných ľadových dobách dvojica najväčších tatranských ľadovcov. Okrem charakteristických dolinných stupňov a jazerných panev zanechali impozantné bočné morény nad Bielovodskou poľanou a pod Gomboším vrchom. Haldy skalných suťovísk a zlomísk sa väčšinou vytvorili pri ústupe ľadu, keď sa bočné steny priľahlých masívov zbavili opory a náhle ich narušili klimatické vplyvy. Proces zvetrávania a rozpadu sa však nezastavil. Skôr či neskôr spadne bezpochyby aj hrebeň Tisoviek, rozčesnutý hlbokou gravitačnou brázdou.

Dnes sa o Bielovodskej doline obvykle hovorí a píše ako o najkrajšej vo Vysokých Tatrách. Iste patrí medzi najfotogenickejšie. O to viac nás prekvapuje, ako neskoro ju objavili turisti a horolezci. V prvých sprievodcovských publikáciách nie je o nej zmienka. Miloš Janoška si v prvom vydaní Sprievodcu po Tatrách z roku 1911 Bielovodskú dolinu nevšíma, no v druhom vydaní z roku 1923 venuje jej osobitnú 5-stránkovú kapitolu s označením Podúplazská (Bielovodská) dolina. Prvý známy turistický itinerár z pera levočského stoličného inžiniera Gustáva Roxera je z roku 1841. Aj poľskí turisti chodili na Rysy spočiatku cez Českú dolinu a Váhu, pokým sa im – po zabezpečení reťazami a stupami – neponúkal praktickejší priamy výstup od Morskieho Oka. Začiatky horolezeckej aktivity boli podmienené termínmi prvých turistických vstupov do jednotlivých kotlín, zväčša na rozhraní 19. s 20. storočím. V zimnom šate sa prvý dôkladnejšie poprizeral velikánom Tatier od severu württemberský alpinista, vojak z povolania Teodor Wundt, neskorší generál, s horským vodcom Jakubom Horvayom v apríli roku 1884. K prvým zimným priestupom stien v uzáveroch vedľajších kotlín nastupovali zimní horolezci väčšinou až od 30. rokov nášho storočia.

V ríši Ľadového štítu a v čarokruhu Ganku s jeho charakteristickou, horolezecky mimoriadne atraktívnou severnou stenou Galérie nad Českou dolinou sa nateraz končí naše putovanie po vrcholoch Vysokých Tatier. Stúpali sme na ne rôznymi „cestami", od ľahkých po krajne ťažké. V lete, zime, pod jasnou oblohou a v páľave slnka, i za letných búrok a zimných fujavíc. V každom ročnom čase, v každej dennej chvíli a nech bolo akokoľvek, mohli sme sledovať a vnímať ich menlivú krásu. Krásu, ktorú možno ani najdokonalejšia fotografia nikdy plne nevystihne. Nech ju teda aspoň pripomenie.

127. MALÉ RYSY (2 430 m) – ŽABÍ KÔŇ (2 291 m) – VOLIA VEŽA (2 360 m) OD OVČÍCH VEŽIČIEK   128. MNICH (2 068 m) Z HINCOVHO SEDLA (2 323 m)

129. MASÍV GERLACHOVSKÉHO ŠTÍTU ZO STENY GERLACHU

Teoretická dolná hranica
„večného" snehu vo Vysokých
Tatrách je vo výške okolo 2 300 m
n. m. V tienistých kotlinách
a žľaboch môžu snehové políčka
prekonať aj najteplejšie letá.

130. VEŽA ŽELEZNEJ BRÁNY (ASI 2 180 m) OD GANKU

131. ZÁPADNÁ ŽELEZNÁ BRÁNA (ASI 2 280 m)

132. ČO NEVIDIEŤ, OPONA SA ZDVIHNE

134.–135. SNEH MÁ VEĽA PODÔB

133. A V ZRKADLE ĽADU ROBIA RANNÚ TOALETU OSLNENÉ ŠTÍTY

137. KOPSKÉ SEDLO (1 749 m) – BELIANSKE TATRY

Belianske Tatry nadväzujú na
Vysoké Tatry kolmo v Kopskom
sedle. Ich hlavný hrebeň meria
14 km. Zložené sú z obalových
a príkrovových sérií
s charakteristickou vápencovou
zložkou. Sú turisticky neprístupné.

138. ZADNÉ MEĎODOLY – ŽDIARSKA VIDLA (2 146 m)

139. ZADNÉ MEĎODOLY – ŠIROKÁ (2 210 m)

140. POKLAD NA DNE PLESA?

Sedem kilometrov dlhý masív Širokej oddeľuje Javorovú od Bielovodskej doliny. Má zložitú geologickú stavbu, nakoľko cez vápencový podklad sú tu navrstvené žulové príkrovy, pri vrásnení presunuté z južnej časti Tatier. Celý masív tvorí prísnu rezerváciu.

141. JAVOROVÝ ŠTÍT (2417 m) ZO SEVERNÉHO ÚBOČIA OSTRÉHO ŠTÍTU

143. ROVIENKY – SVIŠŤOVÝ ŠTÍT (2382 m), SEVERNÁ STENA

144. ROVIENKY – MALÉ RYSY (2 430 m)

145. ČESKÁ DOLINA – ZMRZLÉ PLESO (1 760 m) – ŠIROKÁ (2 210 m) – ŽABÍ JAVOROVÝ VRCH (2 206 m)

146. MASÍV ŠIROKEJ, PRÍSNA REZERVÁCIA TANAPu

147. HRUBÁ VEŽA (2 091 m)

148. ČESKÁ DOLINA – RYSY (2 503 m)

149. SVIŠŤOVÁ DOLINA – ŠIROKÁ – ŽABÍ JAVOROVÝ VRCH

150. BIELOVODSKÁ DOLINA

Osou Bielovodskej doliny vedie
z Javoriny modro značkovaný
turistický chodník, ktorý umožňuje
prechod cez Prielom do Veľkej
Studenej doliny, alebo po zeleno
značenej odbočke cez Poľský
hrebeň do Velickej doliny. Okolité
štíty sú len horolezecky prístupné.

151. ČESKÁ DOLINA – VYSOKÁ (2 560 m) – RYSY (2 503 m)

152. JAVOROVÝ ROH

153. KAČACIA DOLINA

155. ŽABIA BIELOVODSKÁ DOLINA S PLESAMI

156. BOJ O ŽIVOT NA NAJVYŠŠÍCH ŠTÍTOCH

157. PRAH KAČACEJ DOLINY, HVIEZDOSLAVOV VODOPÁD – BATIZOVSKÝ A KAČACÍ ŠTÍT

158. BIELOVODSKÁ VEŽA (1 825 m) VO VÝCHODNOM HREBENI VEĽKÉHO MLYNÁRA

159. ČESKÁ DOLINA – ŠIROKÁ – ŠTÍT NAD ZELENÝM – ŽABÍ JAVOROVÝ VRCH

160. SPÁDOVÁ DOLINKA – MALÉ RYSY

161. VEĽKÝ ŽABÍ ŠTÍT (2 259 m), V POZADÍ BATIZOVSKÝ ŠTÍT – KAČACÍ ŠTÍT – GANEK

162. HREBEŇ MLYNÁRA, V POZADÍ ĽADOVÉ ŠTÍTY – ŠIROKÁ VEŽA – OSTRÝ ŠTÍT – JAVOROVÉ ŠTÍTY

163. MASÍV ĽADOVÉHO ŠTÍTU (2 627 m) ZO ZELENEJ JAVOROVEJ DOLINY

164. MALÝ ŽABÍ ŠTÍT (2 098 m) A OVČIE SEDLO (2 038 m) Z VYŠNÉHO ŽABIEHO SEDLA

165. ČESKÁ DOLINA – GALÉRIA GANKU SO SVOJOU 280 m VYSOKOU STENOU

166. LITVOROVÉ PLESO (1 863 m) – ZLOBIVÁ (2 426 m) – RUMANOV ŠTÍT (2 428 m) – GANEK (2 459 m)

167. ČESKÁ VEŽA (2 255 m) Z ČESKEJ DOLINY

168. STRÁŽCOVIA ROVIENOK

Česká veža čnie z Českej doliny „opancierovanou" východnou stenou, ktorú lemujú dve výrazné rebrá.

172. VEĽKÝ MENGUSOVSKÝ ŠTÍT (2 424 m)

173. SVINICA, POHĽAD NA VÝCHOD

Mengusovské štíty sú vari
najkrajšie od Morskieho Oka.
Mimoriadne pôsobivá je 820 m
vysoká severná stena a vyše
1 000 m vysoký pilier Veľkého
Mengusovského štítu.

174. HORE ZDAR!

Не расстраивайтесь, когда прочитаете, что среди высоких гор Высокие Татры занимают по площади последнее место в мире. По условиям – высоте, формообразованию, гляциальному рельефу и климату, животному и растительному миру – Высокие Татры имеют характер высокогорной области. Ничто не препятствует панораме гор при виде снизу, и, наоборот, с самых высоких вершин Высоких Татр можно прекрасно ориентироваться в предгорских поселках культурного ландшафта – все это лишь увеличивает необычную привлекательность. Деревни и города под Татрами изобилуют памятниками истории и культуры. На солнечных южных склонах гор под защитой хвойных лесов с конца XVIII века выросла целая цель прекрасно оборудованных климатических курортов с богатым разнообразием учреждений туристского движения, отдыха, здравоохранения и спорта. Из них расходится сеть заботливо ухоженных туристских троп, ведущих в высокогорные долины, через седловины на открытые для туристов вершины с интереснейшими видами на окрестности. Везде есть, что посмотреть. Обычному туристу, который на территории Татранского национального парка может передвигаться лишь по обозначенных туристских трассах, предоставлено 350 км прекрасных безопасных троп, которые ведут в наиболее интересные и привлекательные для посетителей районы горной области. Не каждый имеет возможности и способности стать альпинистом и познакомиться со скалистым микросветом нашей невеликой горной области, именно поэтому был создан этот пестрый калейдоскоп интимных и часто неповторимых видов татранских вершин, как их видит альпинист.

Большая часть Высоких Татр (260 км^2) находится на территории ЧССР, меньшая часть принадлежит соседней Польше (81 км^2). Из S-образного хребта длиной в 26,5 км расходятся длинные, расчлененные ветви, устремленные на юг и на север.

Происхождение их кристаллического ядра необходимо искать где – то в конце палеозоя, сформировались они во второй половине третичного периода, а современные формы зубчатых гранитных хребтов, ступенчатые долины и озерные котловины созданы были северными ледниками. Период „правления" последних напоминают различные гляциальные реликты растительного и животного мира.

Хребет Высоких Татр на западе от соседних Западных Татр разделяет Лялиова седловина (1 947 м), на востоке Копская седловина (1 749 м) отделяет Татры от известняковых Белианских Татр. Самыми высокими вершинами гор являются Задний Герлаховский пик (2 630 м), Ледовый пик (2 627 м) и Высока (2 560 м). Высота многих других гор колеблется от 2 400 до 2 500 м, седловины лишь в двух случаях снижаются ниже 2 000 м. Три самые высокие точки – Герлаховский пик (2 655 м), Герлаховская башня (2 642 м) и Ломницкий пик (2 632 м) – находятся на южных боковых разветвлениях, которые снова набирают высоты свыше 2 500 и 2 600 м.

Первыми увидели горы с высоты наиболее доступных татранских вершин неизвестные охотники за горными козлами, искатели кладов или золотокопы вероятно уже в XVI веке. Первое исторически доказанное восхождение на Кежмарский пик с познавательной и этической мотировкой совершено в 1615 году группой кежмарских студентов во главе с Давидом Фрелихом, позднее известным астрономом и математиком. Во второй половине XIX века фактически закончилась эра объявительного и покорительного альпинизма, на рубеже двух последних веков внимание альпинистов направлено на сложные спортивные и технические мероприятия. Прекрасные свидетельства об инвенции, активности и успехах альпинистов, и широкий спектр альпинистских возможностей в Высоких Татрах содержат описания 10-томной монографии-путеводителя Арно Пушкара „Высокие Татры" (Братислава 1957–1989) и 24-томного путеводителя Г. Париски „Высокие Татры" (Варшава 1951–1984).

Маяками на дорогах нашего объектива стали четыре известные татранские вершины: овеянный легендами, в течение веков популярный среди золотокопов Кривань (2494 м), который в глазах словацких революционеров 1848 года являлся символом национальной свободы, а в широких кругах любителей природных красот считался красивейшей горой Высоких Татр; король всех татранских вершин – Герлаховский пик (2655 м), который лишь в середине XIX века, причем с большим трудом, раскрыл свой высотный приоритет перед Ломницким пиком (2632 м) – импозантной по форме вершиной на восточном обрамлении наших великих гор – и Ледовым пиком (2627 м), который при виде с северной стороны создает ложное впечатление, что является самой высокой татранской горой. К нашим вершинам и сотням их „сателитов" ведут различные трудные тропы. Их красоту в полной мере могут осозновать лишь альпинисты, их впечатления не способна выразить фотография. Тем не менее мы хотим техническими средствами в художественной интерпретации фотографа представить хотя бы часть впечатлений и ощущений, которые им дано воспринимать.

Wenn Sie von der Hohen Tatra lesen, daß sie das flächenmäßig kleinste Hochgebirge der Welt ist, soll Sie dies keinesfalls von einem Besuch unseres Gebirges abraten. Mit ihren Bedingungen – ihrer Höhe, ihren Formen, ihrem Glazialrelief und ihrem Klima sowie mit ihrer Pflanzen- und Tierwelt – trägt die Hohe Tatra vollauf den Charakter eines Hochgebirges. Der Umstand, daß ihrem variablen Panorama beim Anblick von unten nichts im Wege steht, und umgekehrt, daß man sich von ihren höchsten Spitzen aus auch in der Besiedlung der Kulturlandschaft an ihrem Fuß gut orientieren kann, vervielfacht den ungewöhnlichen Reiz dieses Gebirges. Die Dörfer und Städtchen am Fuße der Hohen Tatra besitzen eine Fülle von Kulturdenkmälern. Auf den sonnigen Südabhängen des Gebirges unter dem Schutz der Fichtenwälder wurde vom Ende des 18. Jahrhunderts an eine Reihe wohl ausgestatteter klimatischer Kurorte mit einer bunten Auswahl von Einrichtungen für den Fremdenverkehr und zur Erholung erbaut, es sind Heilanstalten und Sportanlagen emporgewachsen. Von ihnen aus führt ein Netz sorgfältig instand gehaltener Touristensteige in die Hochgebirgstäler und über einige Bergsättel auch auf attraktive Aussichtsgipfel, die für Touristen erreichbar sind. Überall gibt es etwas zu bewundern. Auch dem minder tüchtigen Touristen, der sich im Bereich des Tatra-Nationalparks nur auf markierten Touristensteigen bewegen darf, stehen 350 km sicherer und guter Fußwege zur Verfügung, die die landschaftlich wertvollsten und touristisch interessantesten Lokalitäten des Gebirges erschließen. Nicht jeder Mensch hat die Möglichkeit und Fähigkeit ein Bergsteiger zu werden und die Felsenwelt unseres kleinen Hochgebirges mit eigenen Augen kennen zu lernen. Deshalb entstand dieses Buch mit seinem bunten Kaleidoskop intimer und oft unwiederholbarer Ansichten der Tatraspitzen, aufgenommen aus dem Blickwinkel des Bergsteigers.

Der größte Teil der Hohen Tatra (260 km²) liegt auf dem Gebiet der ČSSR, ihr kleinerer Teil (81 km²) gehört dem benachbarten Polen. Aus ihrem S-förmigen, 26,5 km langen Hauptgrat gabeln sich lange und reich gegliederte Seitengrate nach Süden und Norden ab.

Der kristalline Urkern des Gebirges entstand irgendwann am Ende des Paläozoikums, es reifte jedoch erst in der zweiten Hälfte des Tertiärs und die heutigen Formen der gezackten Granitgrate, der Stufentäler und der Bergseekessel wurden von den diluvialen nordischen Gletschern herausmodelliert. Aus dieser Epoche blieben hier auch verschiedene glaziale Relikte des Pflanzen- und Tierreichs zurück, sie wurden hier gewissermaßen „vergessen".

Der Hauptgrat der Hohen Tatra wird im Westen durch den Sattel Ľaliove sedlo (1 947 m) von der anschließenden Westlichen Tatra, im Osten durch den Sattel Kopské sedlo (1 749 m) von der Belaer Tatra, die sich aus Kalksteinen aufbaut, geschieden. Die höchsten Erhebungen im Hauptgrat sind die Spitzen Zadný Gerlachovský štít (2 630 m), Ľadový štít (2 627 m) und Vysoká (2 560 m); die Höhe vieler weiterer Spitzen beträgt zwischen 2 400–2 500 m ü. d. M. und die Bergsättel sinken nur in zwei Fällen unter 2 000 m ab. Die drei höchsten Spitzen des Gebirges – Gerlachovský štít (2 655 m), Gerlachovská veža (2 642 m) und Lomnický štít (2 632 m) erheben sich in den südlichen Ausläufern, die sich vom Hauptgrat abzweigen und deren Grate ebenfalls über 2 500 und 2 600 m emporsteigen.

Die ersten Menschen, die von einigen leichter ersteigbaren Tatragipfeln Ausschau hielten, waren unbekannte Gemsjäger, Schatzsucher oder Goldgräber, wahrscheinlich schon im 16. Jahrhundert. Die erste historisch belegte Besteigung der Spitze Kežmarský štít mit einer wissenschaftlichen und ethischen Motivierung führte im J. 1615 eine Gruppe von Studenten des Lyzeums in Kežmarok unter der Leitung von David Frölich, dem nachmaligen berühmten Astronomen und Mathematiker, durch.

In der zweiten Hälfte des 19. Jahrhunderts war faktisch die Ära des Entdecker- und Erobererbergsteigens zu Ende und seit der Wende vom 19. zum 20. Jahrhundert richtete sich die Aufmerksamkeit der Bergsteiger auf anspruchsvolle sportliche und technisch schwierige Leistungen. Ein redtes Zeugnis von der Invention, der Aktivität und von den Erfolgen der Bergsteiger sowie von der breiten Auswahl der alpinistischen Möglichkeiten in der Hohen Tatra legen die Itinerare der 10-bändigen Bergführer-Monographie „Vysoké Tatry" von Arno Puškáš (Bratislava 1957–1989) und der 24-bändige Reiseführer „Tatry Wysokie" (Warszawa 1951–1984) von Witold H. Paryski ab.

Leuchttürme auf unseren Touren mit dem Fotoapparat waren vier eminente Tatragipfel. Im Westen der sagenumwobene und ganze Jahrhunderte lang von Goldgräbern belagerte Gipfel Kriváň (2 494 m), der in den Augen der slowakischen Revolutionäre von 1848 und 1945 ein Symbol der nationalen Freiheit war und der in weiten Kreisen der Naturliebhaber den Ruf des schönsten Berges in der Hohen Tatra genießt. Der König aller Tatragipfel ist die Spitze Gerlachovský štít (2 655 m), die sich erst um die Mitte des 19. Jahrhunderts und wahrlich nicht leicht ihr Primat vor der Spitze Lomnický štít (2 632 m) errang, der imposant geformten Dominante im östlichen Zipfel unseres Hochgebirges sowie vor der Spitze Ľadový štít (2 627 m), die wiederum bei der Ansicht von Norden aus den trügerischen Eindruck erweckt, sie sei von allen Tatraspitzen die höchste.

Auf die Tatraspitzen und auf Hunderte ihrer Nebengipfel führen verschiedene „Wege" mit unterschiedlichen Schwierigkeitsgraden. Ihre Schönheit können in vollstem Maß nur die Bergsteiger bewundern und das, was sie erleben, kann keine Fotografie wiedergeben. Wir möchten Ihnen jedoch mit technischen Mitteln und in der künstlerischen Interpretation des Fotografen wenigstens einen Teil der Erlebnisse und Eindrücke vor Augen führen, die zu empfinden nur den Bergsteigern vergönnt ist.

Don't be put out if you come across the statement that, as to extent, the High Tatras are the "smallest high mountains" in the world. By their natural features – height, shape, glacial relief and climate, plant- and wildlife – they do possess the character of high mountains. The fact that their varying panorama can be unobstructedly admired from below, and on the other hand, from their highest peaks one can take one's bearings also in the submontane cultural landscape, only helps to reinforce their unusual charm. The hamlets, villages and towns below the Tatras boast of an abundance of cultural monuments. Since the 18th century, a chain of well-equipped climatic centres has been growing up on the sunny southern slopes of the range, under the lee of coniferous forests, with a colourful scale of tourist, recreational, curative facilities and sportsgrounds. A network of well-groomed tourist paths run out from these into high-mountain valleys, across certain saddles reaching also on to touristically accessible and attractive viewing peaks. Everywhere there is plenty for one to admire. The ordinary tourist whose movements are restricted to marked tourist routes, has some 350 km of safe, good-quality paths which make

175. MNÍCH

BILDBESCHRIFTUNG

Vydalo Vydavateľstvo Osveta, š. p.,
Martin roku 1990 ako svoju 3310.
publikáciu

Zodpovedný redaktor Milan Fabian
Výtvarný redaktor Robert Brož
Technický redaktor Peter Ďurík
Korektorka Hana Knéslová

Cudzojazyčné texty vyhotovili:
ruština – dr. Jevgenij Timofejev, CSc.,
nemčina – Ján Lumtzer, angličtina –
Peter Tkáč, francúzština – Daniela
Mamicová

301-09/18. Vydanie 1. Náklad 40 000.
Počet strán 176. AH 37,96 (textu 3,80;
obrázkov 34,16). VH 38,18. Vytlačili
Tlačiarne SNP, š. p., závod Neografia,
Martin

ISBN 80-217-0156-0 Kčs 110,– 85.8

TATRANSKÉ ŠTÍTY

JAROSLAV PROCHÁZKA
IVAN BOHUŠ